APPEL

AUX DÉLÉGUÉS DES COMMUNES

POUR L'ÉLECTION DES SÉNATEURS

DISCOURS

Prononcé à Aix le 18 janvier 1876

PAR M. LÉON GAMBETTA

Prix : 10 centimes

PARIS

ERNEST LEROUX, ÉDITEUR

28, RUE BONAPARTE, 28.

1876

APPEL

AUX

DÉLÉGUÉS DES COMMUNES

POUR L'ÉLECTION DES SÉNATEURS

Messieurs et chers concitoyens,

Les circonstances dans lesquelles nous nous réunissons nous offrent un nouvel exemple de la triste condition que sont obligés de subir les citoyens d'un pays qui ne jouit pas encore, malgré tant de révolutions, des garanties les plus élémentaires des peuples libres.

Coup sur coup, dans deux jours, nous nous sommes vus privés du droit le plus naturel et le plus régulier des démocraties, du droit d'entrer en rapport avec nos concitoyens, avec nos électeurs, à la veille des opérations les plus graves, les plus importantes pour l'avenir de notre pays. Certes, la politique qui

inspire de pareilles mesures à l'adminis-
tration est une politique déjà jugée par
la conscience publique, qui touche à son
terme et dont le suffrage universel va
nous délivrer dans quelques semaines.
Sa chute prochaine ne suffira pas à me
consoler de l'humiliation que je ressens
comme Français de constater qu'à l'heure actuelle, il n'y a que chez nous que de
pareilles entreprises sur le droit sont
possibles.

Que la leçon ne soit pas perdue pour
nous dans l'avenir ! et pénétrons-nous
tous de cette pensée que ce qu'il y a de
plus détestable dans une pareille politique, c'est l'affaiblissement qu'elle cause
à l'autorité du pouvoir quel qu'il soit.

Quels sentiments, en effet, les populations peuvent-elles concevoir du gou-
vernement, de l'autorité de l'Etat, de
l'action des lois, quand elles voient qu'on
en fait une si indigne application et un
si misérable travestissement? La politique « résolûment conservatrice » aurait
pour programme de ruiner, de discrédi-
ter l'autorité, s'y prendrait-elle autre-
ment?

Je ne veux pas insister sur cette idée.
Il était cependant nécessaire de l'indi-
quer pour continuer à protester devant
vous tous du religieux respect que nous
savons conserver et que nous conserve-
rons quand même de ce qui s'appelle

l'autorité. Nous avons renoncé à notre réunion, dont le caractère rigoureusement privé n'a pas même été contesté et dont je garantis que rien n'aurait modifié le caractère conciliant et légal. Nous ne pouvons nous entretenir avec tous ceux de nos concitoyens qui étaient accourus ; n'importe, réduits, resserrés dans un espace aussi incommode que celui-ci, je crois que je manquerais à mon devoir et que je faillirais à votre attente si je ne vous disais pas, avant de nous séparer, ce que m'inspire la situation politique que nous traversons et l'acte qui va enfin mettre en œuvre la Constitution républicaine du 25 Février.

Mon intention était, si la grande réunion que vous aviez projetée avait pu avoir lieu, d'aborder devant vous l'examen de la Constitution du 25 Février et d'en faire ressortir à vos yeux tous les avantages pour l'avenir et le progrès de la démocratie républicaine. J'aurais cherché à mettre sous vos yeux ses divers et nombreux ressorts, et je vous aurais pénétrés de la conviction qui m'anime, que cette Constitution tant critiquée à l'origine pourrait bien être la meilleure, étant la plus pratique qu'on ait encore préparée pour notre pays avec ses traditions, ses mœurs, ses divisions et ses habitudes.

Je vous aurais décrit le fonctionnement,

les attributions, le rôle de ce Sénat républicain dont on avait rêvé de faire le geolier morose et soupçonneux de la démocratie, et qui, grâce au bon sens du pays, deviendra le guide expérimenté de l'opinion et le gardien intelligent, avisé de la paix intérieure. Oui, quand le pays aura pratiqué l'institution, quand les communes, sur toute la surface du territoire, se seront approprié cette partie de la Charte fondamentale de l'Etat, alors il se passera ce qui s'est déjà passé pour bien d'autres institutions qui avaient été préparées comme des instruments de despotisme contre la démocratie et qui, sous l'action des mœurs publiques, de la liberté, de l'esprit d'examen et de contrôle, sont devenues, au contraire, le point de départ d'un nouveau progrès pour les idées démocratiques. (Très bien ! très bien !)

Je suis obligé, vu l'heure avancée, de renoncer à cette partie de ma démonstration. Je préfère ne vous entretenir, ce soir, que d'une seule question, qui intéresse directement beaucoup d'entre vous, qui êtes des délégués élus par les communes, ou des conseillers généraux, ou des conseillers d'arrondissement, ou des députés même, qui tous serez appelés dans quelques jours à procéder au choix définitif des membres de la Chambre haute.

Oui, le vote que vous avez rendu dans votre département, il y a deux jours, le 16 janvier, et par lequel vous avez nommé les délégués de vos communes, ce vote est de la plus haute importance, et les conséquences qui en peuvent sortir seront décisives pour le bonheur ou le malheur de la nation française.

Que ces délégués soient les mandataires des partisans avérés de la démocratie républicaine, ou qu'ils ne soient que les représentants plus ou moins éclairés, plus ou moins ardents, des opinions monarchiques et réactionnaires, qu'ils n'aient, ce qui ne sera malheureusement que trop commun, aucun caractère politique, — chacun de ces délégués, sur la surface entière du territoire, dans quelque département qu'il se trouve placé, doit sentir peser sur lui une immense responsabilité. C'est des choix que feront ces délégués que vont dépendre véritablement les destinées qui seront faites à ce pays d'ici à dix ans. Je voudrais chercher avec vous quelle doit être la conduite, l'examen de conscience, quelles doivent être les réflexions et les résolutions qui s'imposent à l'homme qui a reçu de ses concitoyens le mandat de se rendre au chef-lieu du département et d'y arrêter, pour le compte de ses mandants, le choix d'un ou de plusieurs sénateurs. (Mouvement d'attention.)

S'il s'agit d'un délégué républicain, sa tâche est facile. Il sait que la Constitution du 25 février 1875 est une Constitution d'essence démocratique et républicaine; il n'ignore pas quels sont ses devoirs à l'égard de cette Constitution, ce qu'il doit en attendre, ce qu'il doit surtout préparer pour l'avenir de cette Constitution. Il sait qu'avant tout il doit arrêter son choix sur un homme honoré, honorable, intelligent et droit, sur un esprit éclairé sachant être tolérant pour les personnes et ferme sur les principes, connaissant la part qu'il faut faire aux difficultés et aux nécessités de chaque jour dans la vie publique, résolu à ne jamais faiblir sous le drapeau républicain, mais décidé aussi à ne jamais se laisser aller aux excès de la violence ou de la colère et connaissant tout le prix de la modération et de la prudence politiques. (Marques d'approbation.)

Ce délégué républicain aura à se concerter, à s'entendre avec d'autres républicains auprès desquels il trouvera accueil, discussion, clairvoyance, renseignements complets qui lui permettront d'agir en pleine connaissance de cause. Il aura bientôt fait de faire céder les petites ambitions personnelles, les rivalités qui ne sont pas sérieuses, et de se rallier à l'intérêt du parti pour aboutir au succès par l'unité d'action et l'unité de liste. (Oui! — Très bien! très bien!)

Mais ce n'est pas ce délégué républicain, nommé pour faire un choix républicain, qui me préoccupe. Non. Celui qui me préoccupe c'est le délégué qui a été envoyé par son Conseil municipal, dans les dernières communes de France, pour faire un choix aussi redoutable, aussi considérable. Ce que je redoute, pour celui-ci, c'est l'influence et même la corruption qui va le circonvenir, le flatter, puis l'asservir par tous les moyens ; c'est à la conscience de cet honnête homme qu'il faut faire appel pour le soustraire aux manœuvres qui pourront le tromper, le séduire, l'apeurer ; c'est sa liberté d'action qu'il faut protéger contre les mille manéges qui auront pour but de lui dicter un choix hostile à la Constitution et par conséquent factieux.

C'est à ce délégué que je voudrais qu'on s'adressât. Ce sont ces délégués que je voudrais voir se réunir, se consulter entre eux. C'est à ceux-là qu'il faut que les bons délégués républicains ne cessent de s'adresser jusqu'au jour du vote. Aussi y a-t-il là une règle de conduite impérieuse à suivre.

Il faut que, dans chaque département, que partout où il y a des républicains élus et investis d'un mandat, ayant par conséquent charge d'âmes, il faut que ces républicains se réunissent, non pas seulement entre eux, délégués républicains, mais avec les autres délégués dont ils connaissent les opinions rivales ou dont ils constatent l'absence d'opinion. Et alors dans ces réunions, ou même dans de simples conversations ou entrevues individuelles, il faut arriver à mettre les autres délégués en présence des devoirs qu'ils ont à remplir et des responsabilités qu'ils peuvent encourir.

Eh bien, je suppose que nous ayons devant nous un délégué même d'opinion très connue, même très engagé dans un autre parti que le parti républicain. Généralement ce délégué est accessible à la raison, à la vérité, aux leçons de l'expérience, je ne dis pas tous, mais la plupart d'entre eux le sont. Car enfin je ne me méfie pas et je suis loin de me méfier du bon sens des habitants des campagnes. Je suis convaincu que cette innovation tout à fait originale de l'octroi d'un vote politique au dernier des Conseils municipaux de France, est un grand pas en avant pour les destinées ultérieures de la démocratie. Cette innovation peut paraître aujourd'hui risquée, aventureuse et en contradiction avec les traditions du passé. Cela prouve qu'il arrive souvent, dans une démocratie, que ce sont ceux qui l'abhorrent, qui, mus par une force intime, préparent à leur insu le triomphe de cette démocratie.

En effet, qu'est-ce qu'une commune ?

C'est la démocratie en personne ayant ses intérêts, ses aspirations, son patrimoine, dont la gestion est confiée à un Conseil municipal élu par tous les habitants, auquel, jusqu'ici, il a été interdit de s'occuper de politique. C'est à cette commune, la dernière, la plus humble, la plus pauvre, qu'on vient dire solennellement : « Non seulement tu auras à t'occuper de politique, mais encore à élire les membres du corps le plus élevé dans l'Etat. Tu es appelée à constituer le premier pouvoir de l'Etat, le pouvoir sénatorial, qui arbitrera et décidera entre tous les autres pouvoirs, qui tantôt pourra éviter les conflits par la dissolution de la Chambre des députés, qui tantôt pourra déposer le premier magistrat de la République, lui demander des comptes, transmettre ses pouvoirs à un successeur en cas de mort ou de cessation de fonctions. Ce pouvoir arbitral du Sénat tirera sa force de la Constitution et aussi de l'élection par les délégués des trente-six mille communes de France. (Très bien ! — Bravos.)

C'est là de la démocratie pure. C'est plus qu'un progrès timide et incomplet. C'est l'installation complète de la démocratie aux affaires. En effet, ces Conseils municipaux vont être obligés de s'enquérir de la constitution et des pouvoirs de la première Chambre, du rôle, du mandat et des responsabilités incombant à chaque citoyen élu sénateur. Cet homme devra être interrogé par le délégué de ce Conseil municipal sur ses opinions, ses tendances, sur ce qu'il fera demain sur telle ou telle question dont la Constitution lui réserve la solution. Ce sera le droit et le devoir du délégué du Conseil municipal de procéder à cet interrogatoire.

De sorte que vous installez dans chaque commune de France un véritable cours de politique générale. Or, c'est ce que nous réclamons depuis bientôt un siècle, c'est-à-dire que nous ne voulons pas que le suffrage universel ne soit que la mise en mouvement de dix millions d'électeurs qu'on fait voter un jour et qu'on oublie le lendemain. Ce que nous voulons, c'est qu'on discute, qu'on examine la mission à donner au mandataire et la manière de l'exécuter. C'est dire qu'avec le nouveau régime constitutionnel, la politique est partout et que personne n'a le droit de s'en désintéresser et de s'y soustraire. (C'est cela ! — Très bien ! — Applaudissements.)

Si cela est, vous voyez ce qu'il advient de cette combinaison préparée par la réaction, et dans quel but ?

On a dit que c'était une machination qui aurait pour conséquence d'écraser l'esprit des villes en les subalternisant aux campagnes. Ce résultat pouvait être cherché il y a vingt-sept ans, il y a vingt ans, il y a quinze ans. Mais, après que les campagnes ont été ébranlées sous le coup de nos malheurs, après les dernières levées d'hommes qu'elles ont eu à mettre sur pied pour protéger la fortune de la France, après les milliards que nous ont coûtés les hontes et les folies de l'empire, l'esprit de responsabilité a pénétré jusque dans le dernier hameau de France, et il a suffi d'interroger le paysan sur son intérêt pour que sa réponse fût conforme à cet intérêt même. (Très bien ! très bien ! — Applaudissements.)

Ne craignez pas que les campagnes n'apprennent rapidement ce que c'est que la politique et le poids dont elle pèse en bien ou en mal sur les affaires. Vous avez aujourd'hui même un exemple sous les yeux : aussitôt qu'on annonce aux campagnes qu'on va les entretenir de leurs intérêts, des choix qu'elles vont avoir à faire, de la nécessité de se renseigner sur les hommes qui se présentent à leurs suffrages, vous les voyez quitter leurs foyers, faire des marches forcées et venir ici malgré les avanies de la police (Rires.) chercher la vérité et la lumière. Ce qu'elles viennent chercher, c'est l'esprit de contrôle, d'examen, c'est la parole de bonne foi qui éclaire, cette parole qu'on entrave et qu'on s'acharne à refouler, mais qui passe à travers tous les obstacles, pour aller à ceux qui la cherchent comme à ceux qui la dénigrent, pour le meilleur service de la République et la véritable conservation sociale. (Bravos et acclamations.)

Le temps, la pratique, l'expérience nous conduisent insensiblement à ce résultat de nous rapprocher, de nous confondre tous les jours plus étroitement avec nos frères des champs, des plaines et des montagnes. La solidarité de tous les intérêts se resserre et s'affirme pour le triomphe de l'ordre dans la liberté.

Aujourd'hui, c'est pour la première fois qu'on expérimente cette Constitution du 25 Février en consultant directement les Conseils municipaux, qui n'avaient pas été nommés dans ce but et qui cependant sauront y suffire dès leurs premiers pas. Ne l'oublions pas, messieurs, les Conseils municipaux qui viennent de nommer les délégués avaient été choisis pour une tout autre mission que la nomination des délégués sénatoriaux. On ne savait pas, à l'heure de leur élection, qu'ils auraient ce pouvoir considérable. Ils pourront donc tâtonner, hésiter, mais confiez-vous à l'avenir, prenez patience. L'expérience sera prompte et fructueuse. J'entrevois déjà ce que seront les prochaines élections de Conseils municipaux ; alors, jusque dans le plus petit hameau de France, les électeurs s'informeront des opinions, des tendances de chaque candidat au Conseil municipal. Il sera interrogé, à son tour, comme le délégué communal, comme le candidat sénatorial, et alors vous me direz ce que vaudront les Conseils municipaux nommés à cette lumière et ce que vaudra un Sénat sorti d'une pareille série d'épreuves et d'élections. (Marques d'assentiment et bravos.)

Il ne faut pas craindre d'insister sur ce mécanisme, pour bien montrer sa force, son utilité, sa puissance démocratique. Ce qui se passe, c'est le transport de la politique dans des mains nouvelles. Jusqu'à ce jour, la politique avait été réservée à une élite plus ou moins éclairée, plus ou moins capable, abritée derrière de grands airs de dédain, injurieuse pour les petits et gonflée outre mesure du sentiment de sa valeur ; aujourd'hui toute la politique jusque-là réservée à quelques-uns, à une oligarchie jalouse, va tomber dans les mains du petit bourgeois, de l'ouvrier, du petit capitaliste et du paysan, de tous ceux qui travaillent ou pensent et, les associant dans les mêmes efforts pour atteindre le même but, leur donne une même part de droits et de responsabilité. (Très bien ! très

bien ! — Applaudissements prolongés.)
Et cette responsabilité il faut l'envisager en face. Oui! La France cherche à connaître avec avidité les noms, les opinions des 36,000 délégués qu'elle a nommés le 16 janvier ; elle scrute les dépêches, elle lit les journaux, elle demande à être renseignée. Dans quelques jours la France connaîtra les opinions, les tendances, les aptitudes de ses 36,000 délégués.

Ah ! c'est que la France est debout ! Elle est inquiète, elle est anxieuse, elle sent qu'on joue ses destinées, et elle se demande ce que ces 36,000 délégués vont décider d'elle. Qu'ils se mettent en présence de cet enjeu de la patrie et des destinées qu'ils lui préparent. Qu'ils évoquent — les délégués qui ne sont pas encore républicains — la leçon d'hier. Qu'ils se rappellent ce que disaient les patriotes il y a six ans, quand on fit le plébiscite. A ce moment, on consultait aussi la France, par un moyen tortueux, hypocrite et ignoble, car on se jouait de la sincérité comme de l'honneur du pays. On votait en masses, avec aveuglement, sous la pression administrative, sous la menace, ainsi que sous la calomnie et l'injure qu'on jetait à pleins bords sur le parti républicain, et on donnait à un pouvoir corrupteur et trompeur huit millions de suffrages dont il se servait immédiatement pour écraser la France. (Sensation.)

Ce souvenir doit arrêter la main de l'imprudent qui ne se rappellerait plus cette époque au moment de déposer son vote. Il faut que celui-là se dise que si le Sénat n'était pas composé de républicains loyaux, — je ne parle pas de la chaleur de l'opinion républicaine, ni de son origine, mais de sa sincérité,—de défenseurs vigoureux du pacte fondamental du 25 Février, c'est qu'on y aurait fait entrer des factieux et des adversaires non-seulement des idées politiques contenues dans la Constitution, mais encore des adversaires de la régénération de la patrie. (Très bien ! très bien ! — Applaudissements.)

Le vote pour la nomination des sénateurs (et je voudrais que tous les délégués de France pussent entendre et recueillir ces paroles) pèsera éternellement sur la conscience de ceux qui l'auront rendu, il pèsera sur la tête de leurs enfants, il pèsera sur eux-mêmes, il pèsera sur leur fortune, il engagera tout l'avenir. Et on aura le droit de demander compte de ce vote aux délégués des communes, s'ils le rendaient avec légèreté, avec aveuglement, avec indifférence, ou sous la des passions mauvaises.

Car il faut s'expliquer sur ce qu'on ap-

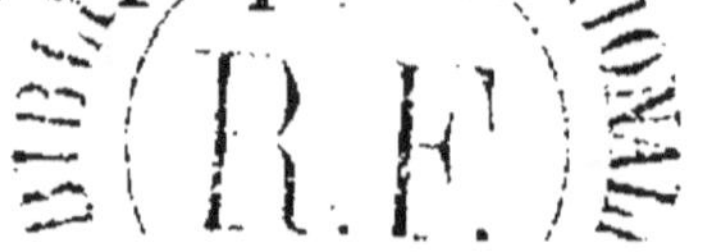

pelle les mauvaises passions, il faut mettre un terme à l'équivoque et faire justice d'accusations mensongères qu'on dirige constamment contre les républicains, qui ne poursuivent qu'un but : la pratique loyale, sincère de la Constitution. (Très bien ! — Bravos.)

Oui, il est temps de mettre un terme aux déclamations sur le péril social, sur les programmes révolutionnaires. Il est temps de ne plus accaparer pour soi-même cette épithète d'union conservatrice, qui n'est qu'un leurre dans la bouche de ceux qui la prononcent ; oui, ce n'est qu'un leurre, qu'une duperie, et je vais le prouver.

Quels sont ceux, en effet, qui peuvent s'appeler conservateurs en dehors de la République ? Et que veulent-ils conserver dans la société actuelle ? Cette société ne repose-t-elle pas sur les bases nécessaires à toute société régulière et ordonnée ? Est-ce qu'il y a contestation sur les questions de propriété, de liberté de conscience, d'ordre public, de famille ? Non, aucun de ces principes nécessaires n'est mis en question, aucun n'est attaqué ni amoindri par le parti que je m'honore de servir, par le parti qui les a le plus glorieusement défendus lorsque ces principes ont été attaqués. (Bravos et applaudissements.)

Trêve donc à ces déclamations, à cette

rhétorique surannée, et dites-nous de quoi vous êtes conservateurs? Moi, je ne reconnais pour conservateurs que ceux qui sont prêts à défendre les lois, la Constitution et la République! (Salve d'applaudissements et acclamations.)

Quant à ceux qui machinent encore de nous ramener un roi de branche aînée ou cadette; quant à ceux qui conspirent encore pour nous imposer une dernière honte sous laquelle disparaîtrait tout sentiment d'honneur national, en nous ramenant je ne sais quelle créature d'aventure sous le nom de César, — quant à ceux-là, ils sont les ennemis de la paix civile et sociale, ce sont des factieux! (Oui! oui! — Bravos unanimes.)

Ce sont là de faux conservateurs.

Pour être un vrai conservateur, il faut être attaché à tout ce qui a été fondé, créé par la Révolution française, à tout ce qui constitue le patrimoine de la société française depuis bientôt cent ans dans ce pays. (Très bien! — Applaudissements.)

On est conservateur quand on veut une société sans priviléges telle que l'a organisée le Code civil.

On est conservateur quand on veut la liberté de conscience telle qu'elle est sortie de la Déclaration des Droits de l'homme.

On est conservateur quand on veut la liberté de penser, comme la liberté de prier.

On est conservateur quand on veut l'institution de la famille telle qu'elle est sortie de l'abolition des majorats, des substitutions et du droit d'aînesse.

On est conservateur quand on veut le respect de l'enfant, le respect de la mère et du père de famille sous la protection des lois égales pour tous, et non pas sous la protection de Chartes périmées et de parchemins tombés en poussière.

On est conservateur quand on se réclame du droit public, quand on veut que chaque Français ait, en même temps que sa part des charges, sa part d'avantages, de protection et de garantie. Alors l'égalité politique est fondée d'où doit découler pour tous, non pas la richesse, car les sociétés humaines ne sont pas faites pour assurer le bonheur, mais pour établir le règne de la justice parmi les hommes. (Applaudissements prolongés et acclamations.)

Eh bien, voilà de quoi nous sommes conservateurs. (Oui ! oui !) Et alors je demande s'ils peuvent s'appeler conservateurs ceux qui nient la souveraineté nationale, ceux qui nient l'égalité sociale, civile et politique, ceux qui cherchent à ramener en France une aristocratie sans racines et des familles dont le pays a fait dix fois justice par ses souffrances, ses pertes et ses révolutions.

Est-on conservateur quand on veut ramener une religion dominante, une religion d'Etat?

Est-on conservateur quand on prépare le retour des biens de main-morte ou je ne sais quelle hiérarchie de forces coalisées contre la société sortie du mouvement de 89 ?

Vous êtes lés conservateurs d'un passé disparu, dont il suffit d'évoquer le spectre devant la France pour faire battre son cœur de colère. (Oui ! oui ! — Salve d'applaudissements.)

C'est vous qui prépareriez le vrai péril social, car je n'en connais pas de plus grand que celui qui ferait armer toute une société jeune et grandissante contre les fauteurs et les réacteurs d'anciens régimes. (C'est cela ! — Très bien ! — Bravos !)

Il faut donc que vous renonciez à ce titre de conservateurs qui est une usurpation de votre part. Ce titre n'appartient qu'à nous. Vous en faites une étiquette pour tromper les simples, un pavillon mensonger derrière lequel vous abritez votre marchandise frelatée. Il faut désormais que ce titre de conservateur, dans la démocratie nouvelle, dans la France d'aujourd'hui, nous soit uniquement attribué, non pas, remarquez-le bien, que nous voulions en faire notre monopole exclusif. Non, dans notre République, il n'y a pas d'exclusivisme : tous peuvent y entrer, nos bras leur sont ouverts. Nous avons trop la passion de réparer les pertes de la France, pour exclure aucun Français du travail de relèvement de la patrie. (Très bien ! très bien ! — Approbation unanime.)

Mais qu'il soit bien entendu qu'on ne peut pas entrer dans notre République avec un masque sur le visage et des paroles de fourberie sur les lèvres, et que, d'où qu'elles viennent, les déclamations, les équivoques et les hypocrisies n'ont pas d'entrée chez nous et n'y recevront jamais accueil.

Ce langage que nous vous tenons, vous le tiendrez, à votre tour, à ceux qui ne furent pas avec nous aux heures d'épreuves. Vous leur direz : Vous pouvez prendre dans cette République un rôle immense, un rôle privilégié parce que vous avez les loisirs de la fortune, l'éducation et l'influence sociale. Venez avec nous, nous vous assurerons un rang, un honneur, une force qui vous permettront d'exercer vos aptitudes au bénéfice de tous. Vous aurez une situation légitime en échange de celle que vous teniez d'un passé qui avait exclu cette démocratie qui accueille aujourd'hui tous les hommes sincères. En effet, l'histoire de cette démocratie est longue, douloureuse , terrible jusqu'au moment de la proclamation de la souveraineté nationale qui est sortie d'un mouvement plus mystique que pratique. Par le suffrage universel , cette souveraineté nationale devient une réalité palpable, agissante. Le suffrage universel a émancipé chaque citoyen, lui a conféré une part virile de souveraineté, en le faisant participer à la gestion des affaires publiques ; mais, en vous accordant le droit que vous vous préparez à pratiquer, on a marqué un pas de plus. On a doté chaque commune française, prise dans sa collectivité, dans sa personnalité, d'un droit égal de suffrage, ainsi qu'on avait fait pour chaque citoyen ; on l'émancipe politiquement, on en fait un électeur distinct, on lui accorde une part effective dans le jeu des institutions républicaines.

Quant à moi, je l'avoue, je ne tenais pas assez, au début, à cette faculté nouvelle ; mais, après avoir réfléchi, après avoir vu quelle passion les populations apportaient dans l'exercice de cette prérogative récente, j'ai compris qu'il n'y avait pas là seulement une formule de Constitution, mais une conquête de l'esprit de démocratie. Et alors je me suis promis de défendre avec vigueur cette partie de notre Constitution comme un gage d'alliance entre ceux qui, dans les campagnes, tendent à se rapprocher de la démocratie, et ceux qui, dans les villes, les avaient devancés. Les villes feront des choix prépondérants pour la Chambre des députés, mais c'est l'influence des campagnes qui se fera mieux sentir dans le Sénat pour la plus grande stabilité de la République et sans esprit de réaction. J'ai appelé le Sénat, autrefois, le grand Conseil des communes françaises, et, si je n'avais pas craint de forcer l'expression et de l'aller prendre en dehors de chez nous, chez un peuple qui a la pratique trois fois séculaire de la liberté, je l'aurais appelé la Chambre des communes françaises. (Bravos.)

Vous imaginez-vous, en effet, quelle force aura cette Chambre haute, nommée comme elle va l'être, c'est-à-dire non pas par des citoyens isolés au moment du vote, et dont la réunion forme la puissance décisive de la souveraineté nationale, mais issue des corps constitués les plus influents du pays? Vous n'ignorez pas que lorsqu'on est l'élu de corps délibérants et superposés dans une vigoureuse hiérarchie, on joint à la force de l'élection la force centuplée des corps qui ont concouru à l'élection. De telle sorte que, comme force de résistance, comme instrument de contrôle du pouvoir, comme frein modérateur de ce même pouvoir, c'est le Sénat qui sera votre refuge et votre ancre de salut. Vous avez accueilli cette institution du Sénat avec réserve et défiance, vous commencez à la pratiquer avec un peu plus de confiance. Laissez s'écouler quelques années, attendez que se produisent les fureurs qu'elle va soulever parmi les réactionnaires, et je vous prédis qu'alors nous défendrons tous le Sénat de gaieté de cœur. (Très bien ! très bien ! — Bravos.)

Mais pour que ce Sénat offre les garanties dont je parle à l'ordre, à la liberté, à l'esprit de progrès, pour qu'il nous enlève toute chance de guerre civile, de conflit avec les autres pouvoirs, il faut que, d'ici au 30 janvier, les délégués des communes se pénètrent bien de l'étendue de leur mission. Il faut que ceux qui ont été choisis dans les rangs des légitimistes aient le courage de s'avouer qu'ils peuvent avoir des regrets et des souvenirs, mais que c'est fini de l'espérance. Et alors ils diront s'ils veulent sacrifier la patrie à de stériles souvenirs, ou ils montreront qu'ils sont assez bons Français pour contribuer à sauver la dernière épave de la grandeur et de la puissance de la France. (Marques d'approbation.)

Si ces délégués, au contraire, sont des

hommes venus de l'empire, il faut distinguer entr'eux. A ceux qui sont irrémédiablement compromis dans les fautes et les aventures de l'empire, à cette espèce d'état-major de gens connus et ruinés dans l'opinion, il n'y a rien à dire. Il faut les laisser passer, sans les adjurer : ils ont les oreilles fermées à la raison et le cœur desséché au patriotisme. (Sensation.)

Mais si ces délégués sont des hommes qui ont été trompés, circonvenus par l'empire, des hommes qui ont cru comme à une sorte de démocratie couronnée et régulière et qui ont expié, avec la France elle-même, l'erreur qu'ils ont commise, avec ceux-là il faut converser : ce sont des frères égarés qu'on doit ramener. Amoureux de démocratie, d'égalité, du règne du suffrage universel, ces hommes, s'ils sont sincères, ne vous résisteront pas. Ils ne résisteront pas au spectacle de la patrie mutilée par la faute de leur système ; ils ne résisteront pas au besoin de paix, de réparation, qui éclate non - seulement en France mais en Europe ; ils ne résisteront pas au désir d'assurer le succès de ces idées démocratiques compromises par l'adultère impérial. Adressez-vous à leur cœur de Français et de démocrate, évoquez le plébiscite qui nous a perdus et dans lequel ils voulaient trouver un repos césarien pour la démocratie. Revenus de leur erreur, ils doivent rentrer dans la grande famille démocratique, et quand une faute aussi lourde a été commise par notre malheureuse patrie, de supporter si longtemps cette ruineuse servitude, il faut savoir pardonner et désarmer devant des frères égarés.

J'ai connu de ces hommes, j'en connais même ici qui ont pu se tromper à la suite de ce système de mensonge, de parjures et supporter, inconscients du mal, cette fantasmagorie impériale qui a duré dix-huit ans. Donc, pas de récriminations ; au contraire, faites entendre à ces hommes, s'il en est parmi les délégués, de bonnes paroles, mettez-les seulement en face des responsabilités qu'ils ont encourues, et j'ai encore assez bonne opinion de la nature humaine et du cœur de mes compatriotes pour savoir que vous en ramènerez beaucoup à nos idées. Et vous vous devez de le tenter. (Très bien ! — C'est cela ! — Bravos.)

Je prononce ces paroles, mes chers concitoyens, parce que j'ai le désir ardent d'unir et de rapprocher tous ceux qui, dans la grande famille démocratique, peuvent être rapprochés et unis. Dans ma vie, je n'ai qu'une seule haine, la haine des divisions entre des intérêts semblables. Partout où j'aperçois la division, j'y cours pour la faire disparaître et, quel que soit le mobile qui l'ait suscitée, je ne veux pas le connaître : ce que je cherche, c'est un remède pour obtenir la guérison de ce triste mal de la division des intérêts ou des classes, d'où sont sortis tous nos malheurs.

Plus que jamais, dans l'état où nous sommes, celui qui crée un germe de dissension commet plus qu'une faute politique, il se rend coupable du crime de lèse-patrie. (Très bien ! très bien ! — Applaudissements prolongés.)

Si je m'exprime ainsi devant vous, messieurs, ce n'est pas que je cherche à obtenir un plus grand nombre de votes républicains pour enfler notre prochaine victoire. Non ; je suis assez confiant dans le résultat qui sortira des urnes le 30 janvier, pour m'élever au-dessus du résultat électoral lui-même. Mais je voudrais qu'il y eût dans l'élection qui va avoir lieu un caractère d'apaisement, de réconciliation nationale qui dessillât les yeux des adversaires les plus obstinés, qui éclairât surtout le pouvoir lui-même, ce pouvoir que l'on compromet à la légère sans savoir que le prestige de respect unanime, d'obéissance légale dont il est investi n'est pas seulement le bien d'un homme, mais le patrimoine et l'espoir de la France. (Très bien ! — Marques d'assentiment.)

On s'épuise à nous représenter au premier magistrat de la République comme des hommes qui ne rêvent qu'agitations et doctrines révolutionnaires. Je crois avoir fait justice de ces accusations par mes paroles et par ma conduite. Nous persisterons et nous réduirons à la confusion nos détracteurs, grâce à la sagesse du pays et à la constance du grand parti républicain uni dans toutes ses nuances pour atteindre son but.

Il faudra bien alors que, de tous côtés, et surtout dans les sphères élevées du pouvoir, on reconnaisse qu'on écoutait de mauvais guides et qu'on risquerait de compromettre une force nationale, en tenant plus longtemps en suspicion les hommes et les populations dévoués à l'ordre républicain.

Dans une République constitutionnelle, parlementaire, libérale et progressive, l'obéissance, pour durer et s'étendre chez tous, doit découler de la confiance du pouvoir dans l'opinion populaire. Persévérons donc énergiquement dans la modération et la sagesse, nous triompherons des suspicions comme nous avons triomphé des machinations et des piéges.

Et quand nous aurons donné cette preuve et subi l'épreuve du temps, je suis convaincu que les quatre années qui vont commencer seront quatre années de paix, de travail, d'épargne, d'économie, de relèvement. Alors vous pourrez affronter avec confiance le terme de ces quatre années, cette échéance de la révision que les monarchistes impuissants indiquent à l'horizon comme le signe avant-coureur du désordre et de l'orage, cette révision qu'il faut ajourner jusqu'en 1880 et qui sera pour nous l'heure féconde des améliorations démocratiques réclamées et préparées dans nos institutions par les progrès croissants de la raison publique. (Oui ! — Très bien ! — Bravos.)

Oui, les quatre années dans lesquelles nous allons entrer, jointes aux cinq qui viennent de s'écouler, formeront la première période décennale de la République, après laquelle elle sera inébranlable. Oui, lorsqu'en 1880 on vous dira : Cette institution qui vous a aidés à vous arracher des mains de l'étranger, qui vous a permis de payer les milliards de la rançon, qui a fait régner la concorde et le travail dans le pays, rapproché les diverses couches sociales, refait la puissance militaire de la France ; cette institution, il vous faut la changer au profit d'un prince, d'un dictateur ou d'un aventurier ; — quand cette question sera posée, messieurs, je suis bien sûr de connaître la réponse de la France. (Oui ! oui ! — Cris de : Vive la République !)

Voilà la politique qu'il faut suivre, à

mon avis, dans les élections pour le Sénat et la Chambre des députés, pour obtenir un grand résultat. Il faut confondre nos calomniateurs par notre conduite et préparer ainsi la révision de la Constitution dans le sens des progrès démocratiques et républicains. Pour un tel but, votre tâche est marquée ; il faut que ces populations si vaillantes et si généreuses du Midi, que l'on a diffamées devant le reste du pays, en les présentant comme toujours agitées, toujours enflammées, toujours prêtes à la sédition, et que l'on traite avec le sans-façon que vous savez, — dont notre réunion en ce moment est la preuve, — il faut, dis-je, que ces populations persévèrent à donner l'exemple du sang-froid, de la modération et de la fermeté, de la discipline républicaine, et, puisqu'on a voulu en faire l'épouvantail de la France, qu'elles en deviennent l'exemple et le guide. (Oui!—Très bien!—Applaudissements.)

Voilà, messieurs, tracées d'une façon extrêmement rapide, les considérations que je voulais confier à vos esprits. Je désire ardemment qu'elles aient répondu à vos préoccupations personnelles. Je désire surtout que, recueillies par vous, elles puissent pénétrer jusque dans vos dernières communes et franchir même les limites de ce département pour être accueillies par les hommes de bonne volonté dans le reste du pays.

Il me semblait qu'il était impossible — non pas que j'aie la prétention de trouver des règles et des avis nouveaux — qu'un acte aussi considérable, aussi solennel que celui qui va s'accomplir le 30 janvier, pût avoir lieu sans qu'une voix pleine de confiance dans la démocratie fît entendre quelques paroles pour dire quelle immense responsabilité allait être assumée, le 30 janvier prochain, par les délégués des communes françaises, pour les adjurer tous, sans distinction, au nom de la patrie, de bien songer, avant de se résoudre, que l'histoire enregistrera leurs noms, et qu'ils seront bénis ou maudits par la postérité, selon les conséquences de l'acte décisif qu'ils vont accomplir. (Applaudissements et acclamations. — Cris répétés de : Vive la République.)

Paris. — Imp. F. Debons et Cᵉ, 16, rue du Croissant.

www.ingramcontent.com/pod-product-compliance
Lightning Source LLC
Chambersburg PA
CBHW061742060726
47597CB00007B/2716